宗祖親鸞聖人

人身受け難し、いますでに受く。仏法聞き難し、いますでに聞く。この身今生において度せずんば、さらにいずれの生においてかこの身を度せん。大衆もろともに、至心に三宝に帰依し奉るべし。

自ら仏に帰依したてまつる。まさに願わくは衆生とともに、
大道を体解して、無上意を発さん。

自ら法に帰依したてまつる。まさに願わくは衆生とともに、
深く経蔵に入りて、智慧海のごとくならん。

自ら僧に帰依したてまつる。まさに願わくは衆生とともに、
大衆を統理して、一切無碍ならん。

無上甚深微妙の法は、百千万劫にも遭遇うこと難し。我いま見聞し受持することを得たり。願わくは如来の真実義を解したてまつらん。

はじめに

同朋会運動は、この現代社会のなかに一人の人間として生き生きと生きていく道を、本願念仏のなかに聞きひらいていく歩みでありました。そのため、同朋の会が発足しました昭和三十七年の六月に『現代の聖典―観無量寿経序分―』を発行、わたしたちが生きていくうえで、仏教はなにを教えるのか、また、どこで仏教は現実の問題とむすびつくのかを学んでまいりました。

そして、その歩みのなかから、真宗の教法を聞信していくものの具体的なすがた―真宗の人間像を明確にすべきであるという要望がでてまいったのであります。それは今日、同朋会運動の基本課題として「真宗門徒としての自覚と実践」というテーマが荷負われたことと軌を一にするものであります。

そのような課題に取りくみ、学んでいこうとしますとき、なににもまして、その導きとなりますのは、いうまでもなく、宗祖親鸞聖人その人のご生涯であります。ここにあらためて、宗祖親鸞聖人のご生涯をテキストとして編纂いたしましたのも、そのためであります。

『現代の聖典―観無量寿経序分―』と併せて、この同朋の会テキスト『宗祖親鸞聖人』が用いられ、真宗人としての生きざまが、わたしたち一人ひとりのうえに確立されていくことを、心から念じてやまない次第であります。

昭和五十三年九月十日

宗務総長　嶺藤　亮

『宗祖親鸞聖人』発刊について

わたしたちは、いわゆる教団の内外を超えて、人間の魂の回復を訴え、因習のなかに埋没してしまっていた宗門を、聞法者の共同体として形成していくことを願いとして、今日まで歩んでまいりました。そして、その歩みは、必然的に、真宗の教法に遇い、目ざめるとき、人はどのような生きざまをなしていくのか、より端的にいえば、真宗の人間像とはどのようなものなのかを問うこととなりました。

もし、わたしたちの歩みのなかで、真宗の人間像が明確にならないままに終わりますならば、わたしたちの信心は、まさに『涅槃経』に説かれています「ただ道あることを信じて、すべて得道の人あることを信ぜ」ないところの、信不具足の信にとどまることになるでありましょう。つまり、「得道の人」との出会いをぬきにすれば、真宗の教えは、わたしたちの身につかないことになるのであります。

「得道の人」とは、本願念仏の教えの真実であることを実証していられる人であります。そして、その「得道の人」として、わたしたちにとってもっとも具体的な名が、宗祖親鸞聖人であります。

今日、いわゆる親鸞ブームと呼ばれるほどに、文化人や知識人によって、親鸞聖人についての論評・著作がつぎつぎと出版され、語られています。それらは、いろいろな思想・立場にある人が、その立場から親鸞聖人の人間像に光をあてられたものとして、現代人にとっての親鸞聖人の意義の幅広さをおのずとあらわしています。したがって、その親鸞ブーム自体は、たいへん喜ばしいことなのですが、しかし反面、それは、親鸞聖人についてのイメージを混乱させ、また、親鸞聖人の意義を、たんに人間的な偉大さという面においてのみ見ていくという問題をもっています。

テキストの名を「宗祖親鸞聖人」としましたのも、実は、そのことを思ってのことであります。ここに学ぼうとするのは、どこまでも、宗祖としての親鸞聖人であります。

しかしそのことは、決して親鸞聖人を絶対化することでもなく、また、教理にしばられたかたくなな眼で親鸞聖人をみることでもありません。

宗祖として仰ぐということは、文字どおり得道の人として出会っていくということであります。そして、その得道の人として出会っていくということは、その人との出会いにおいて人間としての生活のなかに、端的にいえばこの私のうえに、すでに道あることを信ずるということを意味します。道あることの実証をみるということであります。

したがって、「宗祖親鸞聖人」を学ぶということは、そのまま、わたしの生き方、在り方が問われ、学ばれてくるということなのであります。

目次

はじめに
『宗祖親鸞聖人』発刊について
第一章　人と生まれて……7
第二章　発　心……12
第三章　道を求めて㈠—懸命の修学—……16
第四章　道を求めて㈡—六角堂参籠—……20
第五章　本願に帰す……28
第六章　法　難……34
第七章　民衆にかえる……42
第八章　大悲に生きる……48

(一) 愚者になりて……48
(二) 正定聚に住す……50
(三) 悪人正機……53
(四) 弟子一人ももたず……56
(五) 善鸞義絶……59
(六) 念仏者のしるし……61
(七) 無碍の一道……66
第九章　仏道に捧ぐ……68

凡　例

一、本書は、親鸞聖人の伝記と、その法語によって構成されており、同朋の会等におけるテキストとして編集したものです。

一、法語は、東本願寺出版の『真宗聖典』によりました。

一、文意は、できるだけ法語にしたがいながら、読んでいちおうその内容がわかるように意訳したものです。ただし、和讃については、その性格上、文意をつけませんでした。

一、語註は、固有名詞・仏教用語・難解なことばの註釈にとどめました。

第一章　人と生まれて

承安三年（一一七三）、宇治にほど近い日野の地に、親鸞聖人は誕生された。父は日野有範。身分の低い公家であったが、のち隠棲していたといわれている。母については、源氏の流れをくむ吉光女であるとつたえられているが、たしかなことはなにもわかっていない。

聖人誕生のころ、都では平氏一門が栄華をきわめていた。しかし、その平氏もわずか十二年の後にはほろび、かわって源氏一門が武家政治への道をひらきはじめることとなる。しかもその間には、源平二氏の戦いや、比叡山・奈良の僧兵たちの争いのために、東大寺・興福寺をはじめ諸大寺が焼きはらわれてしまうという事件があいついでおこっている。それは、それまで人々に尊ばれてきていたものが、その権威を失い、人々のものの考え方が根底からくつがえされていくような、動乱の時代をあらわす出来事であった。そのうえ、地震や大火などがあいつぎ、さらに飢饉や疫病などのために、死者が都にあふれ、その死臭が人々の不安をいっそうふかいものにしていた。

誰も彼も、悲しみや苦しみに耐えながら、その日一日を生きぬくことに精一杯であった。ただそれだけに、その時代社会のすがたそのものが、人々に人間として生きていることの意味を問いかけていたともいえよう。

聖人は、そのような時代に、人として生をうけられたのである。

法語

〔一〕

ああ夢幻（むげん）にして真（しん）にあらず、寿（①じゅ）夭（②よう）にして保（たも）ちがたし。呼吸（こきゅう）の頃（あいだ）に、すなわちこれ来生（③らいしょう）なり。一（ひと）たび人身（にんじん）を失（うしな）いつれば、万劫（④まんごう）にも復（ふく）せず。この時悟（ときさと）らずは、仏（ぶつ）もし衆生（⑤しゅじょう）をいかがしたまわん。願（ねが）わくは深（ふか）く無常（⑥むじょう）を念（ねん）じて、いたずら

文意

ああ、人の世は夢幻（ゆめまぼろし）であって、まことでない。いのちははかなくて、いつまでも留めることはできない。ひといきの間にこの世は過ぎ去ってしまうのである。ひとたびこの身を失えば、永遠にかえってくることはない。今ここにおいてさとらなければ、

に後悔（こうかい）を貽（⑦のこ）すことなかれ

（『教行信証』行巻・宗暁「楽邦文類」）

仏もまたなすすべもない。願わくば、人生の無常を深く心に留めて、悔いなきいのちを生きてほしい。

語註

①寿　いのち
②夭　若死に、早死に
③来生　来世のこと
④万劫　はかりしれない長い時間をいう
⑤衆生　生きとし生けるもの
⑥無常　すべてのものが絶えず移り変わっていること
⑦貽す　あとにのこす

〔二〕

今日（こんにち）①道場（どうじょう）の諸衆等（しょしゅうとう）、
②恒沙（ごうじゃ）③曠劫（こうごう）よりすべて経来（へかえ）れり。
この人身（にんじん）を④度（はか）るに⑤値遇（ちぐ）しがたし。
たとえば⑥優曇華（うどんげ）の始（はじ）めて開（ひら）くがごとし。

（『教行信証』行巻・法照「五会法事讃」）

文意

今日、道場に集まった人たちは、かぎりない求道の時をへめぐって、いまここまできたのである。よく考えてみると、この身をうけることは、まことにまことに出会いがたいことである。たとえば、優曇華（うどんげ）の花がはじめ

語註

①道場　仏道修行の場。ここでは人生そのものを道場とみる
②恒沙　インドのガンジス河の砂のこと。はかりしれない数をあらわす
③曠劫　はかりしれない長い時間をいう

〔三〕

この①五濁（ごじょく）・②五苦（ごく）等（とう）は、③六道（ろくどう）に通（つう）じて受（う）けて、未（いま）だ無（な）き者（もの）はあらず、常（つね）にこれに逼悩（ひつのう）す。もしこの苦（く）を受（う）けざる者（もの）は、すなわち凡数（ぼんじゅ）の摂（しょう）にあらざるなり

（『教行信証』信巻・善導「観経疏序分義」）

て咲くのをみるようである。

④度る　度はものさしのこと。ここでは仏の教えに照らしてよく考えること
⑤値遇　あいがたいものに出会うこと
⑥優曇華　三千年に一度だけ咲く花。あいがたいことのたとえ

文意

この五濁・五苦などは、どのような生き方であってもそれをうけ、まぬがれているものはひとりもいない。いつもこれに悩んでいる。もし、この苦をうけない人があるならば、そのときには、その人はもはや凡夫の数に入らない。

語註

①五濁　末世のいとうべきすがたを五種にあらわす。

○劫濁　病んでいる時代そのものをいう

○衆生濁　人々が不健康になること。純真さを失い、享楽的になる

○見濁　思想の混乱。たがいに自分の考えを正当化し、他人を非難しあう

○煩悩濁　人間不信。人を信頼できず、自分中心にしか生きられない

○命濁　人として生きる喜びがもてない。幸せをもとめながら、かえって不幸の因ばかりつくっている

②五苦　人として出会う苦しみのすべて。善導は、生苦・老苦・病苦・死苦・愛別離苦をもってあらわしている

③六道　みずからの業によって感じる迷いの世界。そのすべてを六つであらわす

○地獄　身心ともにたえず苦しめられるところ

○餓鬼　つねにうえ、ものへの執着に苦しむ。むさぼりにより、飢渇にさいなまれるところ

○畜生　自分のことしか頭になく、たがいに傷つけあっているところ

○阿修羅　いかりにおののき、自他を許せぬところ

○人　理想と現実に引きさかれているところ

○天　よろこびがつきはて、むなしさの底がないところ

第二章　発心

養和元年（一一八一）、親鸞聖人は慈円のもとで出家得度し、範宴と名のられた。聖人九歳春のことであったという。

その出家の動機については、聖人一家に不幸な事情があったからとか、貴族の子弟の多くが出家させられた当時の風習によるとかという説がある。

いずれにしろ、聖人自身の選びに先立って、聖人をうながす事情があったのであろう。聖人はそれを仏縁として、出家への道をふみだされたのである。

苦しみ、悲しみにうちひしがれながら、しかもそれを訴える言葉も、場所ももたない人々のすがたを、幼い眼に焼きつけてこられた聖人にとって、出家の道は、人間として生きる意味を尋ねていく唯一の道であったのである。

法語

〔一〕

行者当に知るべし、もし解を学ばん

文意

仏法を行ずる人よ、よくよく

と欲わば、凡より①聖に至るまで、乃至②仏果まで、一切碍なし、みな学ぶことを得るとなり。もし行を学ばんと欲わば、必ず有縁の法に藉れ、少しき功労を用いるに多く益を得ればなり

（『教行信証』信巻・善導「観経疏散善義」）

知らねばならぬ。仏法を知識として学ぼうとするなら、凡夫から聖者にいたり、さらにそのうえ仏果にいたるまでも、みなさわりなく学ぶことができる。しかし、もし仏法をわが身に行じようとするなら、必ず自分にゆかりのある教えにたよれ。なぜならば、どんなにわずかな努力でも身にあまる利益を得ることができるからである。

語註

①聖　聖者のこと。修行によってすでに迷いを断ち切った位

②仏果　みずからめざめ、他をめざましめる徳を成就した位

〔二〕

一一のはなのなかよりは

①三十六百千億（さんじゅうろっぴゃくせんおく）の
光明（こうみょう）てらして②ほがらかに
いたらぬところはさらになし

一一のはなのなかよりは
三十六百千億（さんじゅうろっぴゃくせんおく）の
仏身（ぶっしん）もひかりもひとしくて

③相好金山（そうごうこんぜん）のごとくなり
相好（そうごう）ごとに百千（ひゃくせん）の
ひかりを十方（じっぽう）にはなちてぞ
つねに④妙法（みょうほう）ときひろめ
衆生（しゅじょう）を仏道（ぶつどう）にいらしむる

（『浄土和讃』）

語註

①三十六百千億　浄土の華には、百千億の花びらがあり、その花びらに六色の光があって、たがいに照らし合っているので、六々三十六・百千億の光になるという。光にみちあふれた世界をあらわす

②ほがらか　あかるく光るさま

③相好　すがたかたち

④妙法　よく人をめざめさせる法

第三章　道を求めて㈠　——懸命(けんめい)の修学——

九歳から二十九歳までの、人生においてもっとも多感な少・青年時代を、親鸞聖人(しんらんしょうにん)は比叡(ひえい)の山に生きられた。

伝教大師(でんぎょうだいし)によって開かれた比叡山は、大乗菩薩道(だいじょうぼさつどう)の根本道場として、その使命を自負し、権威を誇っていた。しかし、聖人が学ばれたころには、その山も、すでに、奈良の諸宗などと同じように、現世の祈禱(きとう)や、現実の生活とは無関係な学問の場になりはてていた。

しかも、事(こと)あるごとに、寺院に加持(かじ)・祈禱を求めることができたのは、つねに社会の上層を占(し)める人々であった。そのため、寺院はしだいに貴族社会とむすびつき、その寄進をうけて、広大な荘園(しょうえん)を支配する領主となっていった。そのうえ、僧兵とよばれる武力をすらもつようになり、時代の乱れをいよいよはなはだしいものにしたのである。

権力とむすびつくことで、しだいに世俗にまみれていった寺院は、さらにその内部にも身分的な対立をうみだし、争いのやむこともないありさまであった。もちろん、寺院の堕落・騒乱をよそに、ひたすら修学にはげむ僧たちもいなかったわけではない。しかし、その人たちも、多くは、ただみずからの学問の世界にのみ閉じこもる人たちであった。

そのころの聖人については、受戒して僧となり、のちに堂僧をつとめていられたことが知られているだけである。

ただ、聖人の教えをしたう人々の間には、建久二年（一一九一）、十九歳の秋、聖人は、磯長の聖徳太子廟にこもられ、そこで夢告をうけられたと言いつたえられている。その夢告のなかの「日域は大乗相応の地」「汝の命根まさに十余歳なるべし」「善信善信真菩薩」という言葉は、そのころ聖人がどのような問いをもって生きていられたかを示している。

すなわち、賜った命の限界を見すえながら、聖人は、どこに生死の迷いをはなれる道がひらかれるのかという苦悶を、夢告をうけるほどまでにつきつめておられたのであろう。山での二十年間は、いよいよふかまってくるその問いをかかえての、修学の日々であったのである。

法語

〔一〕

設(たと)い我仏(われぶつ)を得(え)たらんに、十方(じっぽう)の衆生(しゅじょう)、①菩提心(ぼだいしん)を発(おこ)し、もろもろの②功徳(くどく)を修(しゅ)し、心(こころ)を至(いた)し発願(ほつがん)して、我(わ)が国(くに)に生(う)まれんと欲(おも)わん。寿終(じゅじゅう)の時(とき)に臨(のぞ)んで仮令(たとい)③大(だい)衆(しゅう)と④囲遶(いにょう)して、その人(ひと)の前(まえ)に現(げん)ぜずは、正覚(しょうがく)を取(と)らじ

（『教行信証』化身土巻・「大経」第十九願文）

文意

わたしが仏を得た以上は、十方の衆生はひたすらに我が国に生まれようという願いをおこして菩提心をおこし、もろもろの功徳を修するであろう。衆生のいのち終わろうとするそのとき、望みに応じて、もしわたしが大衆と共にその人の前にあらわれないならば、仏のさとりとはしない。

語註

①菩提心　仏道を求める心

②功徳　仏が教えられる行。それには自他をめざめさせる働きがそなわっているので功徳という

③大衆　仏の世界を生きている人々

④囲遶　とりかこみ、よろこびまもること

〔二〕

かなしきかなや①道俗（どうぞく）の
②良時吉日（りょうじきちにち）えらばしめ
③天神地祇（てんじんじぎ）をあがめつつ
④卜占（ぼくせん）⑤祭祀（さいし）つとめとす

（『正像末和讃』）

語註

①道俗　出家して道を求める人と、在家で道を求める人

②良時吉日えらばしめ　ことをきめるのに、日や時のよしあしにとらわれること

③天神地祇をあがめつつ　天地の神々をおびえ尊ぶ

④卜占　うらない

⑤祭祀　おまつりしたり、おはらいしたりすること

第四章　道を求めて㈡　――六角堂参籠（ろっかくどうさんろう）――

建仁（けんにん）元年（一二〇一）二十九歳のとき、親鸞聖人（しんらんしょうにん）は、聖徳太子（しょうとくたいし）の建立（こんりゅう）とつたえられる六角堂に、百日の参籠（さんろう）をつづけられた。

このころ、聖徳太子の名に祈りをこめる人々がたえなかったといわれている。当時の社会は荒廃をいよいよつよめ、人々はその日その日を生きあぐねていた。しかもたのむべき仏教界は堕落（だらく）をふかめている。何によって生きていけばよいのか、その道を見いだすことのできなかった人々は、仏法を敬い、世のために自分をすてて生きられた聖徳太子の名にすがったのである。

もともと、比叡山（ひえいざん）を開いた伝教大師（でんぎょうだいし）もまた、聖徳太子にふかく帰依（きえ）した人であった。そして今、解くことのできない問いをかかえて苦悩された聖人もまた、あらためて聖徳太子に導きを求められたのである。

聖人は、ただひとり、六角堂の本尊の前に身をすえられた。出家僧とか堂僧（どうそう）などとして行を積むのが仏道であるのか。山のすがたをみるとき、そうとは思えない。

山をすてて街に出で、わが身に素直に生きていくなかに仏道があるのか。そういいきるには、ためらいがあった。そうした惑いが、教えにふさわしく生きようとすればするほど、あらわになってくる煩悩の身とひとつになって、聖人の心を追いつめていた。

救いをもとめて、聖人は坐りつづけられたのである。

参籠して九十五日目の暁、夢のなかに聖人は「行者宿報にてたとい女犯すとも、我玉女の身となりて犯せられん。一生の間能く荘厳して、臨終に引導して極楽に生ぜしむ」という救世菩薩の声を聞かれた。菩薩は、さらに言葉をついで聖人に告げられたという。「これはこれわが誓願なり。善信この誓願の旨趣を宣説して、一切群生にきかしむべし」と。その夢告は、生死の迷いをはなれていくべき仏道が、願生浄土の道としてこの生死のなかにこそ成就していることを告げていたのである。

このとき聖人は、京の街でひたすら願生浄土の道を説いていられる法然上人のもとを訪れる決意をされた。

晩年の聖人は、聖徳太子を父母のようにしたわれ、法然上人に出会い、本願を信ずることができたのも太子のおかげであると、その恩徳を讃えておられるのである。

〔一〕

この人すでに①空曠の迥なる処に至るに、さらに人物なし。多く②群賊悪獣ありて、この人の単独なるを見て、競い来りてこの人を殺さんと欲す。死を怖れて直ちに走りて西に向かうに、③忽然としてこの大河を見て、すなわち自ら④念言すらく、「この河、南北辺畔を見ず、中間に一つの⑤白道を見る、きわめてこれ狭少なり。二つの岸、あい去ること近しといえども、何に由って

文意

道を求めていこうとするとき、この人は、すでにはてしない曠野に立ちつくし、もはや共に歩む人はひとりとして見いだせない。この人がひとりであるのを見て、群賊・悪獣ばかりが、先を争って襲いかかり殺そうとする。死を怖れて、いそいで西に向かって走っていくとき、この人は、忽然としてあらわれた大河を見る。

このようなわが身に直面してこの人は念言する、

「この河は南北にはてしがな

か行くべき。今日定んで死せんこと疑わず。正しく到り回らんと欲すれば、群賊悪獣漸漸に来り逼む。正しく南北に避り走らんと欲すれば、悪獣毒虫競い来りて我に向かう。正しく西に向かいて道を尋ねて去かんと欲すれば、また恐らくはこの⑥水火の二河に堕せんことを」。時に当たりて惶怖すること、また言うべからず。すなわち自ら思念すらく、「我今回らばまた死せん、住まらばまた死せん、去かばまた死せん。一種として死を勉れざれば、我寧くこ

く、中間に一つの白道が見える。だが、その道はきわめて狭い。二つの岸の間は、近いけれども、どうして行くことができようか。今日、死ぬことは疑いない。まさしくひきかえそうとすれば、群賊・悪獣がじりじりせまってくる。まさしく南北にのがれようとすれば、悪獣・毒虫が争ってわたしに向かってくる。まさしく西に向かって道を尋ねてゆこうとすれば、この水火の二河におちてしまうであろう」。

　ここに当面したこの人のおそれおののきは、いいあらわすことができないほどである。すなわち、みずから思念するには、

の道を尋ねて前に向こうて去かん。すでにこの道あり。必ず度すべし」と。この念を作す時、東の岸にたちまちに人の勧むる声を聞く。「仁者ただ決定してこの道を尋ねて行け、必ず死の難なけん。もし住まらばすなわち死せん」と。また西の岸の上に人ありて喚うて言わく、「汝一心に正念にして直ちに来れ、我よく汝を護らん。すべて水火の難に堕せんことを畏れざれ」と。

(『教行信証』信巻・善導「観経疏散善義」)

「われいま、かえっても死あるのみである。ここにとどまっても死あるのみである。すすんでいってもまた死あるのみである。ひとつとして死をまぬがれないのならば、こころを定めてこの道を尋ね、さきに向かっていこう。すでにこの道がある。必ず渡れるにちがいない」と。

このようにおもい定めたそのとき、東の岸に人のすすめる声を聞く、

「仁者、ただこころ定めてこの道を尋ねていけ。決して死の難はない。もしそこにとどまれば、死あるのみである」と。

またそのとき、西の岸から人

が喚(よ)んでいう、

「汝(なんじ)、一心に正念にして、ただちに来なさい。我よく汝を護ろう。決して水火の難におちることをおそれるな」と。

語註

①空曠　はてしなくむなしさやしらじらしさが広がっていくところ

②群賊悪獣　ここでは仏道を行ずるとき出会うさまざまな誘惑や障害のこと

③忽然　たちまちに

④念言　はっきりしてきたことを心に深くおもうこと

⑤白道　ここではいかなる人間にもおこる浄土往生を願う清浄な心のこと

⑥水火の二河　むさぼりを水、いかりを火にたとえ、それらがつきないことを河にたとえる

〔二〕

①正法(しょうぼう)の時機(じき)とおもえども

②底下(ていげ)の凡愚(ぼんぐ)となれる身(み)は

清浄真実(しょうじょうしんじつ)のこころなし

③発菩提心(ほつぼだいしん)いかがせん

(『正像末和讃』)

語註

①正法の時機　人々が仏陀の徳につつまれて生きている時であり、その教えのままに道を成就することのできる身であること

②底下の凡愚　煩悩の底に沈んでいる凡夫

③発菩提心　仏道を求める心をおこすこと

〔三〕

①聖徳皇(しょうとくおう)のあわれみて
②仏智不思議(ぶっちふしぎ)の誓願(せいがん)に
すすめいれしめたまいてぞ
③住正定聚(じゅうしょうじょうじゅ)の身(み)となれる

(『正像末和讃』)

語註

①聖徳皇　聖徳太子

②仏智不思議　人間のことばでいいつくすこ

とも、思いはかることもできない仏智のはたらき

③住正定聚　本願を信じて仏のさとりの境地に達することが、まさしく定まったともがら。住とはそういう位に生きること

第五章　本願に帰す

救世観音の夢告にみちびかれて親鸞聖人は、その道を法然上人に尋ねようと吉水に向かわれた。後に恵信尼は、そのときの聖人の姿を「後世のたすからんずる縁にあいまいらせんと、たずねまいらせて、法然上人にあいまいらせて」と書きとどめていられる。

法然上人とのはじめての出会いがどのようなものであったのか。すくなくとも聖人は、それから百日の間、「降るにも照るにも、いかなる大事にもまいりて」、その教えを聞かずにおれないものを、上人のすがたや言葉に感じとられていたのである。

そしてついに、聖人が聞きとられたのは、「ただ念仏して弥陀にたすけられまいらすべし」という一言であり、まさしく出会われたのは、その一言を人々とともに生きておられる念仏者法然その人であった。ここに仏法があり、仏法に生きている人々がいる。その歓びを、聖人自身は後に、「建仁辛酉の暦、雑行を棄てて本願に帰す」と書きとどめられ、また「曠劫多生（こうごうたしょう）のあひだにも、出離（しゅつり）の強縁（ごうえん）しらざりき、本師（ほんじ）源空いまさずは、このたびむなしくすぎなまし」とうたわれている。ときに聖人二十九歳であった。

こうして、法然上人のもとで念仏者として歩みだされた聖人の日々は、しかしけっして平穏無事（へいおんぶじ）というものではなかった。吉水教団にたいする仏教界からの圧迫のはげしさは、当時すでに、前途に容易ならぬものを感じさせていた。そのことを思えば、吉水の教団にくわわることには、むしろ嵐のなかに船をだすようなきびしさがあったのである。しかし、他に求めてついに見いだすことのできなかった歓びを、今、本願念仏の一道のなかに見いだしえたのであり、その確信は、聖人の歩みをいっそう一途（いちず）なものにしていったのである。

とくに元久（げんきゅう）二年（一二〇五）、師法然上人がその念仏の旗じるしをたかくかかげられた著書『選択本願念仏集（せんじゃくほんがんねんぶつしゅう）』の書写と、上人の肖像を画（えが）くことさえゆるされたことは、親鸞聖人に生涯にないふかい感動と使命感をよびおこしたのである。

法語

〔一〕

①真（しん）の知識（ちしき）にあうことは
かたきがなかになおかたし
②流転輪回（るてんりんね）のきわなき③は
④疑情（ぎじょう）のさわりにしくぞなき⑤

（『高僧和讃』）

語註

①真の知識　善知識ともいう。わたしに仏法を聞かせる縁となった人

②流転輪回　迷いつづけるすがたをいう。あらゆる経験が次から次へと流れ去り、からまわりすること

③きわなき　際限がない

④疑情　本願を信じきれないこころ

⑤しくぞなき　およぶものがない

〔二〕

親鸞（しんらん）においては、ただ念仏（ねんぶつ）して、弥（み）

文意

親鸞においては、ただ念仏し

陀にたすけられまいらすべしと、よき①ひとのおおせをかぶり(蒙)て、信ずるほかに別の子細なきなり。念仏は、まことに浄土にうまるるたねにてやはんべるらん、また、地獄におつべき業②にてやはんべるらん。総じてもって存知せざるなり。たとい、法然聖人にすかされまいらせて、念仏して地獄におちたりとも、さらに後悔すべからずそうろう。そのゆえは、自余③の行もはげみて、仏になるべかりける身が、念仏をもうして、地獄にもおちてそうらわばこそ、

て弥陀にたすけられよという、よき人のおおせを身にうけて信ずるほかに、別にとりたててあげることはありません。念仏はほんとうに浄土へ生まれる因なのであるのか、あるいはまた地獄におちるべき業であるのか、そのようなことは全くあずかり知らないことであります。

たとえ法然上人にだまされて、念仏して地獄におちたとしても、すこしも後悔はいたしません。なぜならば、念仏以外の行を励んで仏になるはずの身が、念仏を申したために地獄におちたというのであれば、だまされてという後悔もありましょう。どの

すかされたてまつりて、という後悔もそうらわめ。いずれの行もおよびがたき身なれば、とても地獄は一定すみかぞかし。

（『歎異抄』第二章）

ような修行もおよびがたい身でありますから、どうしてみても、地獄こそはわたしのすみかなのであります。

語註

①よきひと　善知識のこと。ここでは法然上人をさす

②業　身で行い、口で語り、こころに思う行為のすべてをいう

③自余の行　このほかの行のこと。ここでは念仏以外の行をいう

〔三〕

『無量寿経』に云うがごとし、「もし我成仏せんに、十方の衆生　①我が名号を称せん、下十声に至るまで、もし

文意

大無量寿経に説かれている。「もし、わたしが仏となった以上は、十方の衆生は我が名号を称えるであろう。たとえ十声ば

生まれずは正覚を取らじ」と。かの仏、いま現にましまして成仏したまえり。当に知るべし、②本誓重願虚しからず、衆生③称念すれば必ず往生を得

（『教行信証』行巻・善導「往生礼讃」）

かりであっても、浄土に生まれないならば仏のさとりとはしない」と。

かの仏、いま現にましまし、成仏しておわします。まさに知るべし。本誓重願は虚しからず。称念するものは必ず往生を得る。

語註

①我が名号　南無阿弥陀仏のこと

②本誓重願　本誓とは根本の誓願のこと。重ねて誓わずにおれない深重の願であるから重願ともいう

③称念　弥陀のみ名をとなえ、本願を念ずること

第六章　法難

親鸞聖人は吉水に、同じ人間としての歓びをもって、ともに生きていくことのできる念仏者の僧伽を見いだしておられた。それは、本願念仏のほかには、もはやどのような世間的権威をも必要としない、仏法の僧伽であった。その僧伽は、あらゆる階層の人々に道心をよびおこしていき、これまで仏法とは無縁なものとされていた一般の庶民をはじめ、僧や貴族・武士などが、吉水の法然上人のもとにつどい、ともに一つの念仏に和していったのである。

もちろん、吉水につどう人々のなかにも、念仏の教えにではなく、法然上人の人格にすがっていたにすぎない人々もあった。また、念仏の救いにはどのようなことも障りにはならないと、平気で悪事をおこない、吉水教団にたいする無用の非難をひきおこすものもあった。

元久元年（一二〇四）冬、延暦寺の僧たちは、重ねて念仏の禁止を座主真性に訴えた。そのため、元久元年十一月、法然上人は七ヶ条の制誡をつくって、門弟をきびしくいましめ、それを守る誓いの署名を求められた。このとき、聖人は、僧綽空(しゃっくう)の名をもって署名にくわわっておられる。

　しかし、翌二年（一二〇五）十月、奈良興福寺(こうふくじ)は、法然上人ならびに弟子らの罪をかぞえあげて、処罰するよう朝廷につよく迫った。そして、翌建永(けんえい)元年（一二〇六）十二月、院の御所の女房たちが、法然上人門下の住蓮房(じゅうれんぼう)・安楽房(あんらくぼう)らの念仏会(ねんぶつえ)にくわわったことが、後鳥羽上皇(ごとばじょうこう)の怒りをよび、これが直接の動機となって、興福寺の奏(そう)状(じょう)がにわかにとりあげられ、承元(じょうげん)元年（一二〇七）二月、住蓮房ら四人が死罪に、また、法然上人はじめ八人が流罪(るざい)に処せられるにいたったのである。

　このとき、法然上人は藤井元彦(ふじいもとひこ)の罪名のもとに土佐(とさ)の国へ、親鸞聖人は藤井善信(ふじいよしざね)の罪名で越後(えちご)の国へ流罪となった。その後、師弟はついにふたたび相い会うときをもつことなくおわったのである。

　しかし、このような非難圧迫は、これまで仏教の名をかかげてきた聖道(しょうどう)の諸教団が、すでに行証(ぎょうしょう)が久しくすたれているすがたであると、聖人は見ぬかれていた。

　事実、この権力による吉水教団への弾圧も、法然上人が人々の道心のうちにうちたてられた仏法の灯(ともしび)をうちけすことはできなかったのである。それどころか、本願念仏の法のみが、この苦難の世を生きぬいていく力を人々にひらく真の仏道であることを、ひろく証することとなったのである。

法語

〔一〕

仰ぎ願わくは、一切行者等、一心にただ仏語を信じて身命を顧みず、決定して行に依って、仏の捨てしめたまうをばすなわち捨て、仏の行ぜしめたまうをばすなわち行ず。仏の去①てしめたまう処をばすなわち去つ。これを「仏教に随順し、仏意に随順す」と名づく。これを「仏願に随順す」と名づく。こ

文意

ただひたすら願うことは、浄土に生まれようと欲する人々よ、一心にただ仏語を信じて身命をかえりみず、決定して仏の説きたもう行に依れ。即ち、仏が捨てよと命じたもうままにただちに捨て、仏が行ぜよと命じたもうままにただちに行じ、仏が去けよと命じたもうところはただちに去く。これを仏の教えにしたがい、仏の意にしたがうと名

れを「真の仏弟子」と名づく。

（『教行信証』信巻・善導「観経疏散善義」）

づける。これを仏の願にしたがうと名づける。これをこそ真の仏弟子と名づける。

語註

①去てる　『尊号真像銘文』には「去はすつという、ゆくという、さるというなり、娑婆世界をたちすてて、流転生死をこえはなれてゆきさるというなり。安養浄土に往生をうべしとなり」とある

〔二〕

①領家・②地頭・③名主のひがごとすればとて、④百姓をまどわすことはそうらわぬぞかし。仏法をばやぶるひとなし。⑤仏法者のやぶるにたとえたるには、「師子の身中の虫の師子をくらうがごとし」とそうらえば、念仏者をば仏法

文意

領家・地頭・名主が非道なことをするからといって、それが百姓をまどわすというようなことはないことです。仏法を破る人は外にはありません。みずから仏法者と自負するものが仏法を破るすがたをたとえて、「獅子の身の中の虫が獅子を食うよ

者のやぶりさまたげそうろうなり。よくよくこころえたまうべし。

（『御消息集』〔広本〕第十通）

語註

①領家　平安時代から鎌倉時代にかけて、荘園を管理していた領主。その多くは貴族・社寺であった

②地頭　鎌倉幕府から任命され、全国各地の荘園などを管理し、年貢を集めたり、治安の維持にあたったもの

〔三〕

竊かに以みれば、①聖道の諸教は②行証久しく廃れ、③浄土の真宗は④証道いま盛なり。しかるに⑤諸寺の釈門、教に昏

うなものである」とあります。だから、念仏する人を、みずから仏法者と自負する人が破りさまたげるのであります。よくよく心得てください。

③名主　領家から年貢の納入などを請け負い、その地の農民をとりしきっていたもの

④百姓　農民。もとは国民一般の意味

⑤仏法者　ここでは、自分ひとり仏法を領解しているように自負している人のこと

文意

ひそかにおもいみれば、聖道の諸教は、その行証が久しくすたれ、浄土の真宗は証道いま盛んである。そうであるのに、

くして真仮の門戸を知らず、⑥洛都の儒林、行に迷うて邪正の道路を弁うることなし。ここをもって興福寺の学徒、⑦太上天皇 ⑧諱尊成、⑨今上諱為仁聖暦・承元丁の卯の歳、仲春上旬の候に奏達す。主上臣下、法に背き義に違し、忿を成し怨を結ぶ。

これに因って、真宗興隆の大祖源空法師、ならびに門徒数輩、罪科を考えず、猥りがわしく死罪に坐す。あるいは僧儀を改めて姓名を賜うて、⑩遠流に処す。予はその一なり。しかれば

権威をほこる仏教界は、仏の教えにくらく、浄土の真実と方便の門を知らない。知識におごる都の指導者たちは、仏の行にまどい、外道と仏道をわきまえることがない。このようなことだから、興福寺の学僧たちは、後鳥羽院に念仏禁止の訴えをおこない、土御門天皇の承元元年二月上旬に念仏禁止令が出された。主上・臣下ともに、法に背き道理に違い、忿りをつのらせ怨みにとりつかれている。

これによって、真宗を興隆されたわれらの祖法然上人ならびに門徒数人を、世間のうわさによって罪科も考えず、みだりに

すでに僧にあらず俗にあらず。このゆえに「禿」の字をもって姓とす。空師ならびに弟子等、諸方の辺州に坐して五年の⑪居諸を経たりき。

(『教行信証』後序)

死罪にし、あるいは僧の資格を奪い、俗名を与えて遠流に処した。わたしはそのひとりである。そうであってみれば、すでにわたしは僧でなく俗でない。このゆえに「禿」の字をもって姓とする。法然上人ならびに弟子たちは、諸方の辺鄙なところに流され、五年の歳月をへた。

語註

①聖道の諸教　自力の修行によってこの世でさとりをひらくもろもろの教え

②行証　教えを身をもって行じ、それによってさとりを得ること

③浄土の真宗　本願を信じ、念仏申して浄土に往生し、成仏する道

④証道　その道が信受され、生活の中であかしされること

⑤諸寺の釈門　国家の保護を受けていた比叡山の延暦寺や奈良の興福寺などに代表される当時の仏教界

⑥洛都の儒林　都で儒学を学び、指導的な地位にあった人たち

⑦太上天皇　天皇譲位後の称号。ここでは後鳥羽院のこと

⑧諱　貴人の生前の実名

⑨今上　当代の天皇の称号。ここでは土御門院のこと
⑩遠流　流罪の刑のうち、最も重いもの。京都から遠く離れた伊豆・佐渡・土佐などに流されること
⑪居諸　歳月のこと

第七章　民衆にかえる

承元(じょうげん)元年（一二〇七）春、親鸞聖人(しんらんしょうにん)は、みだりに専修念仏(せんじゅねんぶつ)の教えを禁じたものへのおさえることのできない怒りを胸に、流罪(るざい)の地、越後(えちご)の国府(こくぶ)におもむかれた。聖人三十五歳の年である。そこで出会われたものは、辺地の荒涼とした自然であり、富や権力などとはまったく無縁に、人間としての命(いのち)を赤裸々に生きている人々のすがたであった。

そこには、善根(ぜんごん)を積むことはおろか、生きのびるためにはたとえ悪事とされていることでも、あえて行わなければならない悲しさをかかえた人々の生活があった。

その越後の人々のなかにあって、聖人は妻恵信尼(えしんに)との間に幾人かの子をもうけられた。文字どおり、肉食妻帯(にくじきさいたい)の一生活者となって生きていかれたのである。そして、その生活のなかで聖人は「ただ念仏して弥陀(みだ)にたすけられまいらすべし」という、師法然上人(ほうねんしょうにん)の一言(ひとこと)が、いよいよ確かなものとなって心にひびきわたるのを感じていかれたのである。

今日一日を生きることに精一杯なこの人々こそ、本願を信じ念仏申すほかない人人であるという切実な思いがふかまるとともに、その念仏をどのようにしてこの人人の生活のうえにひらいていけばよいかという問いが、重く聖人の心に担われていったのである。

その歩みのなかから、聖人は、みずから愚禿釈親鸞という名のりをあげられたのである。

法語

〔一〕

ひとすじに、具縛の凡愚、屠沽の下類、①無碍光仏の不可思議の本願、広大智慧の名号を信楽すれば、煩悩を具足しながら、②無上大涅槃にいたるなり。

具縛は、よろずの煩悩にしばられたる

文意

自分で自分をしばりつけている愚かなもの、生きているもののいのちをうばい、ものを売り買いして生活せねばならないわれらが、ひとすじに無礙光仏の不可思議の本願、広大智慧の名号を深く信ずれば、煩悩を具足われらなり。煩は、みをわずらわす。悩は、こころをなやますという。屠は、よろずのいきたるものを、ころし、ほふるものなり。これは、りょうし(猟師)というものなり。沽は、よろずのものを、うりかうものなり。これは、あき人なり。これらを下類というなり。「能令瓦礫変成金」というは、「能」は、よくという。「令」は、せしむという。「瓦」は、かわらという。「礫」は、つぶてという。「変成金」は、「変成」は、かえなすという。「金」は、こが

しながら無上大涅槃にいたるのである。具縛とは、さまざまの煩悩にしばられているわれらである。煩とは、身をわずらわす、悩とは、こころをなやますという。屠とは、生きているもののいのちをうばうことである。これは猟師というものである。沽とは、もろもろのものを売り買いすることである。これは商人である。これらが下類といわれているのである。「能令瓦礫変成金」とは、能はよく、令はさせるという。瓦はかわら、礫は石ころという。変成金とは、変成はかえてしまう、金は黄金という。かわら・石ころをかえて

ねという。かわら・つぶてをこがねにかえなさしめんがごとしと、たとえたまえるなり。りょうし・あき人(びと)、さまざまのものは、みな、いし・かわら・つぶてのごとくなるわれらなり。

(『唯信鈔文意』)

黄金(こがね)にしようとするようなものであると、たとえておられるのである。猟師・商人、およそ生活に身を労するわれらは、みな、いし・かわら・つぶてのようなわれらである。

語註

①無碍光仏　阿弥陀如来のこと

②無上大涅槃　煩悩を滅し、一切を清浄真実にする仏陀のさとりの世界

〔二〕

①弥陀(みだ)の五劫思惟(ごこうしゆい)の願(がん)をよくよく案(あん)ずれば、ひとえに親鸞一人(しんらんいちにん)がためなりけり。されば、そくばくの業(ごう)をもちける

文意

弥陀(みだ)の五劫思惟(ごこうしゆい)の願(がん)をよくよく案ずれば、ひとえにこの親鸞一人のためであったのであります。おもえば、数かぎりなく業(ごう)

身にてありけるを、たすけんとおぼしめしたちける本願のかたじけなさよ。

（『歎異抄』後序）

をかさねてきたこの身であったが、その身をたすけようとおもいたってくださった本願のかたじけないことよ。

語註

①弥陀の五劫思惟の願　衆生をたすけるために、五劫のあいだ、思惟をつくし、念仏を選択した阿弥陀如来の本願。五劫とは、はかりしれない長い時をあらわす

〔三〕

設い我仏を得たらんに、十方の衆生、我が名号を聞きて、念を我が国に係けて、もろもろの徳本を植えて、心を至し回向して、我が国に生まれんと欲わん。果遂せずは正覚を取らじ

（『教行信証』化身土巻・「大経」第二十願文）

文意

わたしが仏を得た以上は、十方の衆生は我が名号を聞き、念を我が国にかけ、あらゆる徳のもとである名号を身に植えて、ひたすらに回向して、我が国に生まれようとするであろう。もしその願いをはたし遂げられないならば、仏のさとりとはしな

い。

語註

①徳本　あらゆる仏の徳がおさまっている如来の名号

②回向　自分の身におさめた一切の功徳をすべての人々にほどこし、ともに仏道に向かうこと

第八章　大悲に生きる

越後に流されて五年、建暦元年（一二一一）に親鸞聖人は、師法然上人とともに赦免をうけられた。しかし、聖人は京都にはもどられず、建保二年（一二一四）、四十二歳のとき、常陸に移られた。

その後約二十年の間、聖人は、本願念仏の教えを縁ある人々に伝えることをみずからの使命として、関東の地に生きられたのである。

その教化は、常陸・下総・下野の三国を中心に、ひろく関東から東北にまでおよび、その歩みのなかから、各地に念仏者の僧伽が生まれていったのである。

なお、聖人が関東の人々と語りあわれたことの一端は、帰洛ののち、その人々に書きおくられたお手紙などによってうかがうことができる。

㈠　愚者になりて

親鸞聖人には、法難を身にうけられたとき、かえってつよめられた念仏者としての気負いがあった。しかし、越後での生活には、そのような聖人の気負いをも打ちくだくほどのきびしさがあったのである。後に語られた「さるべき業縁のもよおさば、いかなるふるまいもすべし」というお言葉には、わが身の煩悩の、底しれないふかさを思いしらされていかれた、越後時代の聖人の生活がうかがえる。

その後関東にうつられてのち、聖人はいよいよ、かつて法然上人が折にふれて語られていた「愚痴の法然房」という言葉を、身にしみる思いをもって聞きとっていかれたのである。

法語

〔一〕

故法然聖人は、「浄土宗のひとは愚者になりて往生す」と候いしことを、たしかにうけたまわり候いしうえに、ものもおぼえぬあさましき人々のまいい

文意

故法然上人は「浄土宗の人は愚者になって往生する」といわれたことを、たしかにうけたまわっています。そのうえ、ものの道理もわきまえられず、生きることに精一杯の人々が、足を

りたるを御覧じては、①往生必定すべしとてえませたまいしをみまいらせ候いき。ふみざたして、さかさかしきひとのまいりたるをば、往生はいかがあらんずらんと、たしかにうけたまわりき。いまにいたるまでおもいあわせられ候うなり。

（『末燈鈔』第六通）

はこんでくるのをごらんになっては、「往生必定の人にちがいない」といってほほえまれたのを拝見いたしました。教えのことばをとりあげて、いかにも賢そうにふるまう人が足をはこんでくると、「あの人の往生はどうであろうか」といわれたのを、たしかにうけたまわりました。今になっても思いあわせられます。

語註

①往生必定　本願力によって往生が定まること

(二) 正定聚に住す

建保二年（一二一四）、家族とともに越後から関東に向かわれる途中、上野佐貫の地で、親鸞聖人は浄土三部経を千部読誦することを思いたたれたという。

そのころ、関東一円には飢饉がひろまり、人々は地をはうようにして、その日その日の命をつないでいた。そして力つきた人々がつぎつぎと倒れていく。その姿から目をそむけることのできなかった聖人は、ただひたすら経典を読誦して、世の平安を祈らずにはおられなかったのであろう。

しかし、どれほどいとおしみ、不憫に思っても、その思いのままにすべての人人をたすけることはできない。その事実があらためて、聖人の心を重くとらえ、聖人は、浄土三部経の千部読誦の行をすてられた。

この体験は、聖人に、いよいよ本願念仏の一道を生きとおすことを決定させたのである。その後、聖人はただひたすらに、本願の名号に徹していかれ、人々が正定聚に住するものとなることを願いつづけていかれたのである。

〔二〕

如来の誓願を信ずる心のさだまる時と申すは、①摂取不捨の利益にあずかる

文意

如来の誓願を信ずる心が定まる時と申しますのは、摂取不捨の利益にあずかるから不退の位

ゆえに、②不退の位にさだまると御こころえ候うべし。真実信心さだまると申すも、金剛信心のさだまると申すも、摂取不捨のゆえに申すなり。さればこそ、③無上覚にいたるべき心のおこると申すなり。これを、不退のくらいとも、④正定聚のくらいにいるとも申し、⑤等正覚にいたるとも申すなり。このこころのさだまるを、十方諸仏のよろこびて、諸仏の御こころにひとしとほめたまうなり。このゆえに、まことの信心の人をば、諸仏とひとしと申すなり。

に定まると心得なさいませ。真実の信心が定まると申しますのも、金剛の信心が定まると申しますのも、如来の摂取不捨のはたらきのゆえに申すのであります。だからこそ、無上覚にいたるにまちがいない心がおこると申すのであります。これを不退の位とも申し、正定聚の位にいるとも申し、等正覚にいたるとも申すのであります。この心が定まるのをすべての諸仏がよろこんで、諸仏のおこころに等しいとほめられるのであります。このことにより、まことの信心を得た人を、諸仏と等しいと申すのであります。また、補処の

また、⑥補処の弥勒とおなじとも申すなり。

(『御消息集』〔善性本〕第二通)

弥勒と同じであるとも申すのであります。

語註

①摂取不捨　如来が念仏の行者をおさめとって捨てないこと

②不退の位　仏になる歩みから退かない位

③無上覚　仏のさとり

④正定聚　本願を信じて仏のさとりの境地に達することが、まさしく定まったともがら

⑤等正覚　ここでは、仏のさとりに等しいところの菩薩の最高位

⑥補処の弥勒　ほとけの座をおぎなうので補処という。弥勒は五十六億七千万年のいのちがつきたとき仏になるという

(三)　悪人正機

越後・関東での生活をとおして親鸞聖人は、生きのびるためには、他をかえりみている余裕などもつことのできない人々のなかに、人間の裸の事実を見いだしていかれた。そして、この荒々しく生きる人々こそ、念仏してみずからの罪悪にめざめるとき、大悲の本願を生きるものとなることを確信されたのである。

悪人こそまさに本願が救おうと誓った人々であったという悪人正機の教えは、

その確信のうちにあたらしくひらけてきた世界であった。

そして、この他力をたのむ悪人を、愚禿と名のられた聖人は、御同朋・御同行とうやまっていかれたのである。

〔三〕善人なおもて往生をとぐ、いわんや悪人をや。しかるを、世のひとつねにいわく、悪人なお往生す、いかにいわんや善人をや。この条、一旦そのいわれあるににたれども、本願他力の意趣にそむけり。そのゆえは、自力作善のひとは、ひとえに他力をたのむこころかけたるあいだ、弥陀の本願にあらず。

文意

善人でさえも往生をとげる。まして悪人はいうまでもありません。それなのに、世間の人はつねにいいます。「悪人でさえも往生をする、まして善人はいうまでもない」と。このこと、一応はもっともな道理があるようではありますが、本願他力のおこころにそむいております。そのわけは、自力で善をなそうとする人は、ひとえに他力をた

しかれども、自力のこころをひるがえして、他力をたのみたてまつれば、①真実報土の往生をとぐるなり。煩悩具足のわれらは、いずれの行にても、②生死をはなるることあるべからざるをあわれみたまいて、願をおこしたまう本意、悪人成仏のためなれば、他力をたのみたてまつる悪人、もっとも往生の正因なり。よって善人だにこそ往生すれ、まして悪人はと、おおせそうらいき。

（『歎異抄』第三章）

のむ心が欠けているあいだ、弥陀の本願にかなわぬものであります。けれども、自力の心をひるがえして、他力をたのみたてまつれば、真実報土の往生をとげるのであります。煩悩をかけめなく身にそなえているわれらは、いずれの行によっても生死を離れることのあるはずのないのを深くあわれみたまいて、本願をおこされた本意は、悪人成仏のためでありますから、他力をたのみたてまつる悪人こそ、まさしく往生の正因であります。そこで「善人でさえ往生することができる。まして悪人は」とおおせられたのであります。

語註

①真実報土　真実の願行によって成就した浄土。方便化土に対することば　②生死　絶えることのない迷いの世界

(四)　弟子一人ももたず

親鸞聖人(しんらんしょうにん)の関東教化によって生みだされた念仏者たちは、その念仏の教えを人に伝えることに情熱をかたむけた。やがて、有力な門弟を中心に、各地にあたらしい師弟関係をもった念仏者の集まりが生まれていった。

しかし悲しいことに、ともすれば、その師弟の関係にとらわれて僧伽(さんが)をにごらせ、派閥的な争いをひきおこすことになるのである。

それだけに聖人は、つねに人の師となることへのきびしい自省(じせい)の眼(まなこ)をもちつづけ、「名利(みょうり)に人師(にんし)をこのむ」と悲歎(ひたん)され、「弟子一人ももたず」といいきられている。

聖人の教化は、仏徳の讃嘆(さんだん)であり、命(いのち)をつくしての仏恩報謝(ぶっとんほうしゃ)の歩みであったのである。

〔四〕

①専修念仏のともがらの、わが弟子ひとの弟子、という相論のそうろうらんこと、もってのほかの子細なり。親鸞は弟子一人ももたずそうろう。そのゆえは、わがはからいにて、ひとに念仏をもうさせそうらわばこそ、弟子にてもそうらわめ。ひとえに弥陀の御もよおしにあずかって、念仏もうしそうろうひとを、わが弟子ともうすこと、きわめたる荒涼のことなり。つくべき縁あればともない、はなるべき縁あれば、

文意

同じ専修念仏の人々のなかに、「わが弟子、ひとの弟子」というい争いがあるなどということは、もってのほかのことであります。親鸞は弟子一人ももっておりません。

そのわけは、自分のはからいでひとに念仏申させてこそ、弟子であるともいえましょう。ひとえに弥陀の御もよおしにあずかって念仏申している人を、わが弟子ということは、まことに途方もないことであります。

つくべき縁があれば共に歩み、離れるべき縁があれば離れると

はなることのあるをも、師をそむきて、ひとにつれて念仏すれば、往生すべからざるものなりなんどということ、不可説なり。如来よりたまわりたる信心を、わがものがおに、とりかえさんともうすにや。かえすがえすもあるべからざることなり。②自然のことわりにあいかなわば、仏恩をもしり、また師の恩をもしるべきなりと云々

（『歎異抄』第六章）

いうことがありますのに、師から離れて、ほかの人について念仏すれば往生することはできない、などというのは言語道断であります。その人が如来よりたまわった信心を、いかにも自分のもののようにしてとりかえそうというのでありましょうか。かえすがえすもあってはならないことであります。

自然のことわりにかなうならば、そのときにこそ、仏恩をも知り、また師の恩をも知るはずでありますと。

語註

①専修念仏　ひとえに弥陀の本願を信じ、念仏すること

②自然　おのずからそうせしめられること

㈤　善鸞義絶（ぜんらんぎぜつ）

親鸞聖人（しんらんしょうにん）が京都に帰られたのち、権力者による弾圧や日蓮上人（にちれんしょうにん）の念仏批判などがあいつぎ、そのために関東の御同行（おんどうぎょう）の間に信仰上の動揺がおこってきた。

聖人は、その人々にたいして、お手紙をもって惑（まど）いをただされるとともに、子息善鸞（ぜんらん）を関東に送って、人々の力ぞえとされたのである。

使命を荷負（にな）った善鸞は、関東の教団を統一しようとして、かえって、有力な門弟と対立するようなことになっていった。そのため善鸞は、聖人の子という立場を強くおしだし、また、権力者たちとも妥協し、それを利用しようとさえした。

そうした善鸞の行為と、そのためにおこった教団の混乱を知られた聖人は、念仏の僧伽（さんが）がくずれていくことを悲しみ、あえて善鸞を義絶（ぎぜつ）されたのである。

しかし、義絶によって、善鸞の親であるという事実まで消そうとされたわけではない。かえって、義絶しなければならない子をもった親として、善鸞の犯さねばならなかった罪のふかさを、聖人自身が重く荷負われていったのである。

〔五〕

①奥郡のひとびと、②慈信坊にすかされて、信心みなうかれおう(合)ておわしましそうろうなること、かえすがえすあわれにかなしうおぼえそうろう。これもひとびとをすかしもうしたるようにきこえそうろうこと、かえすがえすあさましくおぼえそうろう。それも日ごろひとびとの信のさだまらずそうらいけることの、あらわれてきこえそうろう。かえすがえす、不便にそうらいけり。慈信坊がもうすことによりて、ひとびび

文意

奥郡の人々のあいだでは、慈信坊にだまされて、信心がおたがいに浮き足だっておられますこと、かえすがえすもあわれにかなしく思われます。わたしも、人々をだましたようにいいふらされていますことは、かえすがえすもなさけなく、心外なことに思われます。それも、日ごろ、人々の信心が定まっていないことがあらわれてきているのであります。かえすがえすも不憫なことであります。

慈信坊がもうすことによって、人々の日ごろの信心がたじろぎ

との日ごろの信のたじろきおう（合）ておわしましそうろうも、詮ずるところは、ひとびとの信心のまことならぬことのあらわれてそうろう。よきことにてそうろう。

（『御消息集』〔広本〕第十二通）

あっておられますことも、つまりは、人々の信心がまことでないことがあらわれてきたのであります。よいことであります。

語註

①奥郡　常陸の国（茨城県）の北部地方

②慈信坊　善鸞。親鸞の子

(六)　念仏者のしるし

わが身に、誇りも自信ももちえなかった人々は、親鸞聖人の教えに遇いえて、もはや善も必要とせず、悪をもおそれることのない生き生きとした日々を生きる道を知ったのである。それは、われわれこそ人間なのだという自覚を、人々によびおこしていった。

しかしそれだけに、一部には、どんな悪事をおかしても救われるという教えに歓喜(かんぎ)するあまり、非行にはしるものもあらわれた。そうしたことが、しばしば念仏を誤解させ、領家(りょうけ)・地頭(じとう)など土地の支配者による、念仏弾圧への口実をあたえることともなった。そのため、聖人は、念仏に生きるものの姿勢を、くりかえしくりかえし、さとされたのである。

〔六〕

もとは、①無明(むみょう)のさけにえ(酔)いふして、②貪欲(とんよく)・瞋恚(しんに)・愚痴(ぐち)の三毒(さんどく)をのみ、このみめしおう(合)てそうらいつるに、仏(ぶつ)の御(おん)ちかいをききはじめしより、無明(むみょう)のえ(酔)いも、ようようすこしずつさめ、三毒(さんどく)

文意

もとは無明(むみょう)の酒に酔いつぶれて、貪欲(とんよく)・瞋恚(しんに)・愚痴(ぐち)の三毒ばかりをこのんで食べあっておられたのに、仏の御ちかいを聞きはじめてからは、無明の酔いもようやくすこしずつさめ、三毒をもすこしずつこのまなくなっ

をもすこしずつこのまずして、阿弥陀(あみだ)仏(ぶつ)のくすりをつねにこのみめす身(み)となりておわしましおうて(合)そうろうぞかし。しかるに、なお無明(むみょう)のえい(酔)もさめやらぬに、かさねてえい(酔)をすすめ、毒(どく)もきえやらぬに、なお三毒(さんどく)をすすめられそうろうらんこそ、あさましくおぼえそうらえ。煩悩具足(ぼんのうぐそく)の身(み)なれば、こころにもまかせ、身(み)にもすまじきことをもゆるし、口(くち)にもいうまじきことをもゆるし、こころにもおもうまじきことをもゆるして、いかにもこころのままに

て、ともに阿弥陀仏の薬をつねにこのんで飲む身となっておられるのでありましょう。

　ところが、まだ無明の酔いもさめてしまわないのに、さらに酔いをすすめ、毒も消えてしまわないのに、なお三毒をすすめておられますことは、あさましく思われることであります。

　煩悩(ぼんのう)をかけめなくそなえている身なのであるから、こころにもまかせ、身にもしてはならないことをもゆるし、口にも言ってはならないことをもゆるし、こころにも思ってはならないことをもゆるし、どのようにでも思いのままであるべきだと申し

あるべしともうしおう(合)てそうろうらんこそ、かえすがえす不便におぼえそうらえ。えい(酔)もさめぬさきに、なおさけをすすめ、毒もきえやらぬものに、いよいよ毒をすすめんがごとし。くすりあり毒をこのめ、とそうろうらんことは、あるべくもそうらわずとぞおぼえそうろう。仏のちかいをもきき、念仏ももうして、ひさしうなりておわしまさんひとびとは、この世のあしきことをいとうしるし、この身のあしきことをいといすてんとおぼしめすしるしも

あっておられることこそ、かえすがえすも不憫なことに思われるのであります。酔いもさめないうちにさらに酒をすすめ、毒も消えてしまわないものにますます毒をすすめるようなものであります。薬あり、毒をこのめ、といわれるようなことは、あるはずもないことだと思われます。

仏のちかいをも聞き、念仏も申すようになってからすでに久しくなっておられる人々には、この世のわるいことを厭うしるし、この身のあしきことを厭いすてようとお思いになるしるしもあるにちがいないと思われるのであります。

そうろうべしとこそおぼえそうらえ。

（『御消息集』〔広本〕第一通）

〔七〕

としごろ念仏して往生をねがうしるしには、もとあしかりしわがこころをもおもいかえして、とものの同朋にもねんごろのこころのおわしましあわばこそ、世をいとうしるしにてもそうらわめとこそ、おぼえそうらえ。よくよく

語註

①無明　ものごとのありのままが見えないこと。ここでは特に仏の心をうたがうこと

②貪欲・瞋恚・愚痴の三毒　自己中心的な、欲望やいかりや事実を受けとめられない弱さのこと

文意

つね日ごろ、念仏して往生を願うしるしには、もとのわるかったわが心をも思いかえして、友・同朋にもねんごろな心をもちあわされてこそ、世を厭うしるしでもあるにちがいないと思います。よくよくお心得ください。

御こころえそうろうべし。

（『御消息集』〔広本〕第二通）

㈦　無碍の一道

神々を恐れ、鬼神におびえ、日の良し悪しを気にする人々の弱い心につけこんで、これまでの教団は、加持・祈禱・呪術にあけくれていた。それは、人々から現実を直視する眼をうばい、生活を暗くさせ、はてしのない闇にひきこんでいった。

親鸞聖人は、そのような人々に、念仏は無碍の一道であることを説きつづけ、禍福にまどうおびえから人々を解放し、仏教のあかるい智慧の世界へとよびさましていかれたのである。

それは、呪術や祈禱にあけくれる、われわれ日本人の精神生活を根底からゆりうごかす出来事であった。

〔八〕
念仏者は、無碍の一道なり。そのいわれいかんとならば、信心の行者には、天神地祇も敬伏し、①魔界②外道も障碍することなし。罪悪も業報を感ずることあたわず、諸善もおよぶことなきゆえに、無碍の一道なりと云々

（『歎異抄』第七章）

文意

念仏者は無碍の一道であります。どうしてかといえば、信心の行者には、天地の神々も敬いひれふし、魔界や外道もさまたげとなることはありません。罪悪もその報いを感ずることはできません。どのような善も念仏におよぶことはありません。だから無碍の一道でありますと。

語註

①魔界　魔の世界。魔とは求道者を誘惑し、その歩みをさまたげるもの

②外道　自己の外にあるものをささえとして求める道

第九章　仏道に捧ぐ

朝廷、さらには鎌倉幕府による専修念仏の禁止は、その後もしばしばくりかえされていた。そのなかを、六十歳をこえたころ、親鸞聖人は関東を後にして京都にかえられている。その都での生活もけっして安穏なものではなく、住居もあちらこちらと、縁をもとめて移されている。

なぜ関東の御同朋と別れて、ひとり京都にかえられたのか、その理由についても、聖人はなにも語ってはおられない。ただ、聖人は京都にかえられてから、関東においてすでに書きすすめられていた『顕浄土真実教行証文類』を完成され、さらに、その後の生活を、もっぱら著作にささげられたという事実がある。

『顕浄土真実教行証文類』は、専修念仏に対する聖道諸教団からの批判や、国家からの弾圧をうけとめ、本願念仏こそ真実の道であることをあきらかにされたものである。それは、時代をへだて、民族を越えた念仏者の歴史を、七高僧の伝統として掘りおこし、どのような人も、ともにひとしく、人間としての尊厳さを自分自身のなかに見いだして生きていくことができる道をひらかれた、人類の根本聖典というべきものである。

さらに聖人は、その『顕浄土真実教行証文類』によってあきらかにされた広大無碍の世界を、『和讃』をもってうたわれ、お手紙をもって語りつくしていかれた。そこには、当時の人々を縁として、遠く未来世の人々にまで、まことの道を伝えていこうという、聖人のつよい願いが脈うっている。

そして当時、善鸞事件などにみられる幾多の異義や、鎌倉幕府の弾圧などによって動揺をつづけていた関東の御同朋たちは、その聖人のお言葉を力として本願念仏の一道を生きていったのである。

弘長二年（一二六二）十一月、親鸞聖人はその命を仏道に捧げつくして、九十年の生涯を閉じられた。しかし、本願念仏に生きられた聖人の命は、如来大悲の恩徳を讃嘆した多くの言葉となって、今日なお生きつづけ、無数の念仏者を生みだしつづけているのである。

法語

〔一〕

竊かに以みれば、①難思の弘誓は難度海を度する大船、②無碍の光明は無明の闇を破する③恵日なり。しかればすなわち、④浄邦縁熟して、⑤調達、⑥闍世をして⑦逆害を興ぜしむ。⑧浄業⑨機彰れて、釈迦、⑩韋提をして⑪安養を選ばしめたまえり。これすなわち⑫権化の仁、斉しく苦悩の⑬群萌を救済し、⑭世雄の悲、正しく⑮逆謗⑯闡提を恵まんと欲す。かるがゆえに知りぬ。⑰円融至徳の嘉号は、悪を

文意

ひそかにおもいみれば、難思の弘誓は、迷いの海を渡す大きな船であり、無碍の光明は、無明の闇を破る太陽である。

そうであればこそ、浄土の縁が熟して提婆達多、阿闍世に逆害をおこさせ、浄土をねがう機があきらかになって、釈迦、韋提希に安養浄土を選ばせたもうたのである。これはまさに、我々のためにあらわれてくださった人々をとおして、苦悩するものをひとしく救おうとしているのである。これはまさに、世

転じて徳を成す正智、⑱難信金剛の信楽は、疑いを除き証を獲しむる真理なりと。しかれば、凡小修し易き真教、愚鈍往き易き捷径なり。⑲大聖一代の教、この徳海にしくなし。穢を捨て浄を欣い、行に迷い信に惑い、心昏く識寡なく、悪重く障多きもの、特に如来の発遣を仰ぎ、必ず⑳最勝の直道に帰して、専らこの行に奉え、ただこの信を崇めよ。

ああ、弘誓の㉑強縁、多生にも値いがたく、真実の浄信、億劫にも獲がたし。たまたま㉒行信を獲ば、遠く㉓宿縁を慶べ。

にあらわれた仏陀の大悲であり、逆謗、闡提をまさしく恵もうとしているのである。

　であればこそ今わかった。円融至徳の嘉号は、悪を転じて徳をなす正智であり、難信金剛の信楽は、疑いを除き証をえしむる真理であると。そうであってみれば、それは凡夫のおさめやすい真実の教えであり、愚かなものの往きやすいちか道である。釈尊一代の教えは、この功徳の海につきるのである。穢を捨て浄をねがい、行に迷い信に惑い、心くらく識すくなく、悪重くさわり多いものよ、特に如来のすすめを身にうけ、かならず最勝

もしまたこのたび疑網に覆蔽せられば、かえってまた曠劫を径歴せん。誠なるかなや、㉔摂取不捨の真言、㉕超世希有の正法、㉖聞思して遅慮することなかれ。ここに愚禿釈の親鸞、慶ばしいかな、㉗西蕃・㉘月支の聖典、㉙東夏・㉚日域の師釈、遇いがたくして今遇うことを得たり。聞きがたくしてすでに聞くことを得たり。真宗の教行証を敬信して、特に如来の恩徳の深きことを知りぬ。ここをもって、聞くところを慶び、獲るところを嘆ずるなりと。

の直道に帰して、もっぱらこの念仏の行に奉え、ただこの念仏の信を崇めよ。

ああ、ひとえに私のためであった如来の本願は、いくたび生まれかわってもあいがたく、真実の信心は億劫にもえがたい。たまたま行信をうれば、とおく宿縁をよろこべ。もし、このえがたい機会が、疑いでおおわれるならば、さらにまた永い時をむなしくへめぐるであろう。まことにまことに、摂取不捨の真言、超世希有の正法、ひたすら聞思してためらうことなかれ。

ここに愚禿釈の親鸞、よろこばしいことには西方インドの聖

（『教行信証』総序）

語註

①難思の弘誓　おもいはかりつくせない弥陀の誓願
②無碍の光明　なにものにもさまたげられない光明。弥陀の智慧のこと
③恵日　弥陀の智慧のこと。そのはたらきを、あらゆるものを照らしだす太陽にたとえる
④浄邦　すべての人をわけへだてなくおさめとる国。浄土のこと
⑤調達　提婆達多。釈尊のいとこにあたる。

典、中国・日本の師釈に、あいがたくして今あうことをえた。聞きがたくしてすでに聞くことをえた。真宗の教行証を敬信して、特に如来の恩徳の深いことを知った。ここをもって、聞くところをよろこび、うるところをたたえるのである。

出家して仏弟子となったが、のちに仏にそむく人となる
⑥闍世　阿闍世。マガダ国の王子。提婆達多にそそのかされて父を殺し、王となる
⑦逆害　親を殺し、仏にそむくこと
⑧浄業　浄土に生まれるたね。念仏のこと
⑨機　法にふれて発起する力。その力によって人を機とみる
⑩韋提　韋提希。阿闍世の母

⑪安養　身も心もやすんじ、養われるところ。阿弥陀仏の浄土

⑫権化の仁　人々をすくうためにあらわれた大悲の人

⑬群萌　群がり萌えでる若芽。凡夫のこと

⑭世雄　世においてもっとも強いもの。ここでは釈尊のこと

⑮逆謗　五逆（父を殺し、母を殺し、阿羅漢を殺し、和合僧を破り、仏身を傷つける）と謗法（仏法をそしる）のこと

⑯闡提　一闡提（サンスクリット語の音写）。快楽のみを求めて生きるもの。善根をつむことができないので断善根という

⑰円融至徳の嘉号　あらゆる徳がかけめなくみちみち、すべての衆生をみたす仏の名。南無阿弥陀仏のこと

⑱難信金剛の信楽　何ものにも破られない念仏の信心。それはわれわれの努力を超えてたまわるので難信という

⑲大聖　群萌をすくう道を成就した人。ここでは釈尊のこと

⑳最勝の直道　ただちに迷いをたち切って、無上のさとりにいたる道。本願念仏の道のこと

㉑強縁　自分にめざめるのになくてはならぬ縁

㉒行信　念仏の信

㉓宿縁　今のこの事実を生んできた過去の因縁

㉔摂取不捨の真言　すべての人をおさめとってすてない真実のことば。名号のこと

㉕超世希有の正法　まことのないこの世に、まことを成就した仏の誓願

㉖聞思　本願名号のいわれを自分自身のうえに聞きひらくこと

㉗西蕃　インドのこと

㉘月支　大月氏国。インドの北にあたる国

㉙東夏　中国のこと

㉚日域　日本のこと

〔二〕

如来大悲の恩徳は
身を粉にしても報ずべし
①師主知識の恩徳も
ほねをくだきても謝すべし

（『正像末和讃』）

語註

①師主　教えをうけるものにとって主となる師

宗祖親鸞聖人

1978(昭和53)年9月30日　初版発行
2019(令和元)年9月30日　第21刷発行

編　集　教学研究所
発行者　但馬　弘
発行所　東本願寺出版
(真宗大谷派宗務所出版部)
〒600-8505 京都市下京区烏丸通七条上る
TEL 075-371-9189
FAX 075-371-9211
E-mail shuppan@higashihonganji.or.jp

印刷所　中村印刷株式会社

ISBN978-4-8341-0138-6 C3015